desafi.os

Vida na Terra
Conhecer para proteger

Rosicler Martins Rodrigues

Bióloga e pós-graduada em Zoologia pela
Universidade de São Paulo.
Autora de livros de divulgação científica
pela Editora Moderna.

3ª edição
São Paulo, 2013

© **ROSICLER MARTINS RODRIGUES, 2013**
1ª edição, 1991
2ª edição, 2003

COORDENAÇÃO EDITORIAL: Lisabeth Bansi
ASSISTÊNCIA EDITORIAL: Paula Coelho e Patrícia Capano Sanchez
PREPARAÇÃO DE TEXTO: Cintia Kanashiro
COORDENAÇÃO DE EDIÇÃO DE ARTE: Camila Fiorenza
DIAGRAMAÇÃO: Rafael Schäffer Gimenes (Schäffer Editorial), Cristina Uetake
CAPA: Caio Cardoso
IMAGENS DA CAPA: ©Tamara Kulikova/Shutterstock; ©Eric Gevaert/Shutterstock; ©Dushenina/Shutterstock; ©Tomas Slavicek/Shutterstock; ©Joca de Jong/Shutterstock
COORDENAÇÃO DE REVISÃO: Elaine C. Del Nero
REVISÃO: Nair Hitomi Kayo
PESQUISA ICONOGRÁFICA: Mariana Veloso Lima e Carlos Luvisari
COORDENAÇÃO DE BUREAU: Américo Jesus
TRATAMENTO DE IMAGENS: Arleth Rodrigues e Wagner Lima
PRÉ-IMPRESSÃO: Alexandre Petreca, Everton L. de Oliveira Silva, Hélio P. de Souza Filho, Marcio Hideyuki Kamoto e Vitória Sousa
COORDENAÇÃO DE PRODUÇÃO INDUSTRIAL: Wilson Troque
IMPRESSÃO E ACABAMENTO: PSP Digital
LOTE: 288176

Dados Internacionais de Catalogação na Publicação (CIP)
(Câmara Brasileira do Livro, SP, Brasil)

Rodrigues, Rosicler Martins
　Vida na terra : conhecer para proteger / Rosicler Martins Rodrigues. – 3. ed. – São Paulo : Moderna, 2013. – (Coleção Desafios)

　ISBN 978-85-16-08477-6

　1. Conservação da natureza 2. Ecologia 3. Ecologia humana 4. Leituras - Ciências I. Título. II. Série.

13-02449　　　　　　　　　　　　CDD-372.35

Índices para catálogo sistemático:
1. Ecologia humana : Ensino fundamental　372.35
2. Leituras : Ciências : Ensino fundamental　372.35
3. Natureza : Conservação : Ecologia humana : Ensino fundamental　372.35
4. Vida : Proteção : Ecologia humana : Ensino fundamental　372.35

REPRODUÇÃO PROIBIDA. ART. 184 DO CÓDIGO PENAL E LEI Nº 9.610, DE 19 DE FEVEREIRO DE 1998

Todos os direitos reservados
EDITORA MODERNA LTDA.
Rua Padre Adelino, 758 – Belenzinho
São Paulo – SP – Brasil – CEP 03303-904
Vendas e atendimento: Tel. (011) 2790-1300
Fax: (011) 2790-1501
www.modernaliteratura.com.br
2020
Impresso no Brasil

"Acho que todos nós pensamos na Terra como sendo uma gigante indestrutível. Mas, vista do espaço, ela mais parece uma pequena e delicada bola de Natal, que deveríamos tratar com extremo cuidado."

Willian Anders, astronauta da nave Apolo 8.

Sumário

Planeta Terra, 6

1. O começo da Terra e da vida, 7
2. A espécie humana, 17
3. Terra, a morada da vida, 20

Biomas brasileiros, 26

4. Amazônia, 27
5. Mata Atlântica, 36
6. Caatinga, 41
7. Cerrado, 50
8. Pampa e Pantanal, 59

O ser humano e a natureza, 64

9 A domesticação das plantas e dos animais, 66

10 O ambiente construído, 70

11 Dominamos o planeta?, 74

12 O que podemos fazer?, 77

13 Os mandamentos de uma nova sociedade, 82

14 Constituição da República Federativa do Brasil, 84

Conclusão, 86

Bibliografia e Sugestões de leitura para o aluno, 87

Planeta Terra

Blue Marble (Bola de Gude), a mais famosa fotografia da Terra, tirada no dia 7 de novembro de 1972 pela Apolo 17, espaçonave que estava a caminho da Lua, a uma distância de 45 mil quilômetros da Terra. A Antártida é a capa de gelo ao sul. A massa de continente é a costa da África.

1. O começo da Terra e da vida

QUANDO O PLANETA TERRA SE FORMOU, há cerca de 4,5 bilhões de anos, nele não havia nenhuma planta, nenhum animal nem qualquer outro ser vivo. Por todos os lados, a perder de vista, havia só vulcões que derramavam lavas e soltavam cinzas e vapor de água. A lava endurecida ainda fumegava.

No céu viam-se meteoritos incandescentes, que caíam sobre as rochas.

Terra primitiva em representação artística. Meteoritos caem sobre a superfície terrestre. A Lua, naquele tempo bem mais perto da Terra, também era bombardeada por meteoritos, ocorrendo grandes explosões.

Muitos milhões de anos se passaram. Lentamente, a superfície terrestre foi esfriando e o vapor d'água se condensou, formando nuvens densas. Até que um dia, as chuvas caíram e as rochas começaram a ser esculpidas pela correnteza e foram se desfazendo, formando areia e argila.

O acúmulo de água nas depressões rodeou a terra emersa e surgiu um imenso continente deserto, cercado pelo oceano e sulcado por rios caudalosos.

Furações levantavam poeira, encobrindo a luz do Sol. Raios e relâmpagos cortavam o céu coberto de nuvens. Choveu e choveu, durante muito tempo.

A ORIGEM DA VIDA

Há 3 bilhões de anos, supõe-se que os primeiros seres vivos microscópicos se formaram no oceano.

Alguns cientistas explicam o surgimento da vida afirmando que os gases que envolviam a Terra foram bombardeados por faíscas elétricas e formaram substâncias que foram levadas pela água da chuva até o oceano. Nas águas quentes, essas substâncias se combinaram de mil modos e originaram seres simples, que se dividiam e geravam outros iguais a eles.

Ilustração da Terra primitiva há 3 bilhões de anos. Muitos vulcões continuavam ativos, mas a superfície terrestre já tinha esfriado com as chuvas intensas. A composição do ar e do oceano era diferente da existente atualmente: havia pouco oxigênio no ar e pouco sal na água. As colunas representadas na ilustração são os estromatólitos, feitos de carbonato de cálcio e formado por cianobactérias.

Outros cientistas afirmam que as substâncias que originaram os seres vivos se formaram na poeira do espaço infinito e vieram parar nas águas do planeta Terra, trazidas por meteoritos.

Em um ponto os cientistas concordam: foi no mar que os primeiros seres vivos surgiram, viveram e se transformaram, originando grande variedade de espécies microscópicas.

Nos oceano que cerca a Austrália, à beira-mar, estão os vestígios das construções das algas microscópicas. São os estromatólitos, estruturas de carbonato de cálcio produzidas por algas azuis.

E O OCEANO SE ENCHEU DE SERES VIVOS

Há 500 milhões de anos, o continente da Terra era um deserto, mas o oceano estava povoado por muitas espécies, algumas delas semelhantes às que hoje existem.

Representação artística de animais marinhos que viveram há 500 milhões de anos. Os fósseis desses animais foram encontrados no Canadá e ajudaram os cientistas a recriar as características desses seres. As cores são suposições baseadas nas cores de algumas espécies atuais.

Se pudéssemos viajar no tempo para conhecer a Terra, quando se formaram os primeiros seres vivos, teríamos de transportar oxigênio, pois não havia esse gás no ar.

Também teríamos de nos proteger da luz do Sol, pois a camada de gás ozônio que envolve a Terra nos dias atuais ainda não havia se formado. Esse escudo protetor filtra os raios ultravioleta da luz solar. Em quantidade excessiva, esses raios matam os seres vivos.

Durante bilhões de anos, os seres microscópicos viveram nas águas. Muitos se tornaram capazes de fazer fotossíntese, isto é, absorviam energia solar para produzir glicose e oxigênio. Parte do oxigênio produzido saía para a água e depois para o ar. Desse modo, a quantidade de oxigênio no ar foi aumentando gradativamente. Com o oxigênio, formou-se a camada de ozônio.

À medida que o tempo foi passando, os seres do oceano se tornaram diferentes uns dos outros. Tanto assim que, há cerca de 500 milhões de anos, já havia grande variedade de vida no mar.

Na natureza, tudo se transforma

Na Terra existem cerca de 100 tipos de átomos diferentes que se combinam e formam substâncias. Dois átomos de hidrogênio combinados com um átomo de oxigênio formam uma molécula de água, e muitas moléculas de água formam as nuvens. Quando chove, as moléculas se misturam com cloreto de sódio, o sal do oceano. Portanto, tudo o que existe na Terra é formado por átomos que formam substâncias, as quais por sua vez formam a matéria que forma as rochas, a água, o solo, o ar e os seres vivos.

Desde a formação da Terra, a matéria desse planeta é a mesma. Mas, durante todo esse tempo, tudo o que existe foi se transformando: a água dos rios evaporou, as rochas foram desgastadas pela água, muitos seres vivos morreram, tantos outros nasceram.

Fóssil de um trilobita, animal que viveu há 500 milhões de anos e não mais existe.

Muitas espécies se transformaram. Outras desapareceram para sempre e se tornaram extintas. Só sabemos que existiram porque deixaram seus restos petrificados nas rochas.

A natureza faz e desfaz tudo o que dela faz parte, sempre com a mesma matéria. Montanhas, que parecem eternas, um dia não existirão mais. Rios mudarão seu curso. Outros desaparecerão. Espécies de plantas e animais se transformarão em outras espécies ou desaparecerão para sempre.

Não percebemos as transformações da matéria porque o tempo de vida de cada um de nós é insignificante perto do tempo da existência da Terra.

Talvez em seu nariz haja um átomo de um animal que viveu há bilhões de anos...

Somente depois de ser publicada a *Origem das espécies*, de Darwin, é que as pessoas começaram a ter consciência de que não apenas os indivíduos morrem, mas as espécies também morrem ou se transformam em outra no decorrer do tempo.

Saber que na Terra tudo se transforma é muito importante para a humanidade, pois nos dá a dimensão do efêmero da passagem de cada um de nós sobre este planeta.

A CONQUISTA DO AMBIENTE TERRESTRE

Enquanto nos mares os seres vivos se reproduziam e se transformavam, os continentes continuavam desertos; em virtude da radiação ultravioleta, nada sobrevivia fora da água. Só quando a camada de gás ozônio se tornou espessa é que a terra firme começou a ser habitada. Isso ocorreu por volta de 400 milhões de anos atrás, quando os musgos começaram a crescer à beira da água.

Depois, surgiram as samambaias. De início, eram espécies pequenas. Tempos depois, surgiram espécies tão altas como a samambaia-açú, comum na Mata Atlântica. Esse ambiente coberto de plantas atraiu animais vegetarianos marinhos parecidos com aranhas e centopeias que povoaram a região entre a água e a terra firme. Eles originaram muitas outras espécies que passaram a habitar as florestas.

À medida que o tempo foi passando, surgiram espécies de peixes com nadadeiras fortes, brânquias e pulmões. Eles eram capazes de nadar imersos na

Uma libélula voa na sombreada floresta de samambaias gigantes e musgos. Uma centopeia corre pelos troncos caídos. Essa cena de 350 milhões de anos foi criada por um artista tendo como base as informações dos fósseis desse tempo.

água e também de absorver o oxigênio do ar. Assim, migravam de uma lagoa que secava para outra em épocas de pouca chuva.

Esses peixes originaram, há 350 milhões de anos, os primeiros anfíbios que, da mesma maneira que seus parentes atuais – os sapos e as rãs –, se acasalavam na água. Nesse ambiente se formavam ovos de onde saíam os girinos, filhotes bem diferentes dos pais. Os girinos vivem na água até adquirir a forma de anfíbios adultos. Só então passam a viver em terra firme.

Criação artística de uma espécie de peixe que viveu há 380 milhões de anos. Ele tinha nadadeiras fortes e andava de uma lagoa para outra. Constituiu uma forma de transição entre os peixes e os anfíbios e répteis.

Algumas espécies de anfíbios daquela época deram origem a animais mutantes, ou seja, com características diferentes. Eles tinham a pele coberta de escamas e escudos. Acasalavam-se em terra, e as fêmeas botavam ovos de casca dura; seus filhotes eram parecidos com os pais. Isso ocorreu por volta de 250 milhões de anos atrás. Esses foram os primeiros répteis.

Os répteis conquistaram a terra firme. Muitos eram bem parecidos com as tartarugas e os jacarés atuais. Outros eram os dinossauros, que ocuparam o ambiente terrestre durante milhões de anos. Alguns deles tinham asas e deram origem às aves. Calcula-se que isso ocorreu há cerca de 150 milhões de anos.

Criação artística de um dos primeiros animais terrestes. Foi um dos primeiros vertebrados a desenvolver membros locomotores para andar em terra firme. Viveu há 360 milhões de anos.

Dinossauros e crocodilos que viveram há 200 milhões de anos.

Outros répteis dessa época originaram animais cujos filhotes se desenvolviam dentro da mãe e mamavam enquanto pequenos. Esses animais são os mamíferos, antepassados de baleias, cães, gatos, vacas, cavalos e outras espécies atuais.

Os mamíferos não tinham sobrevivência fácil por entre as patas dos gigantescos dinossauros. Mas eram pequenos e velozes. E tinham uma grande vantagem sobre os répteis: eram cobertos de pelos, tinham uma camada de gordura debaixo da pele e seu organismo mantinha a temperatura constante, fizesse frio ou calor. Os répteis, ao contrário, precisavam dos raios solares para se aquecer no frio e se refugiavam em tocas quando a temperatura subia muito.

Tendo as vantagens do desenvolvimento no útero materno, a vida protegida em tocas, a amamentação com leite nutritivo e a manutenção da temperatura corporal, os mamíferos se multiplicavam em números e em formas diversificadas que se espalharam pelos continentes.

Há poucas espécies de anfíbios e répteis em climas frios. Mas há mamíferos em todos os climas da Terra. No entanto, essa diversificação de espécies de mamíferos foi favorecida por um evento ocorrido há cerca de 60 milhões de anos: a extinção dos dinossauros.

Primeiros mamíferos. Viveram há 160 milhões de anos.

Uma catástrofe que abalou a Terra

Há 150 milhões de anos, os dinossauros dominavam a Terra e nenhuma outra espécie de animal terrestre jamais chegou a ter o tamanho desses fantásticos répteis. Mas todas as espécies se extinguiram por volta de 65 milhões de anos atrás. Nessa época também desapareceram outros animais e plantas terrestres. O que teria acontecido?

Muitos supõem que o desaparecimento dos dinossauros está relacionado a uma queda de temperatura na Terra, pois os dinossauros, tal como os répteis de hoje, não regulam a temperatura corporal. Para se aquecer, ficam ao Sol e, quando o dia esquenta, refugiam-se onde há sombra. Eles não vivem em lugares onde a temperatura é baixa o ano todo.

Outra suposição é de que um gigantesco meteorito caiu sobre a Terra. Com o impacto, ele se pulverizou e formou uma nuvem de poeira que deixou a Terra na sombra, sem a luz do Sol, por alguns anos. A diminuição da luz solar causou a morte de muitas plantas. Com poucas plantas para comer, muitos animais vegetarianos morreram e, assim, diminuiu a quantidade dos animais carnívoros que se alimentavam deles. Os animais pequenos conseguiram sobreviver comendo carniça, raízes e plantas rasteiras.

© Chris Butler/Latinstock

O choque do meteorito com a Terra deixou uma cratera de 20 quilômetros de diâmetro na América Central. Os fragmentos subiram para a atmosfera, bloqueando a luz solar.

2. A espécie humana

A ESPÉCIE HUMANA SURGIU há cerca de 100 mil anos. Ela descende de espécies mais antigas. Portanto, tal como as demais espécies, a espécie humana descende de outras que se transformaram com o decorrer do tempo.

Povoado da Idade da Pedra (cerca de 8 mil anos atrás). À direita, uma pessoa escreve símbolos em uma placa de argila. Esses símbolos antecederam as letras.

Assim como os outros animais, os humanos se comunicam uns com os outros. Mas sua comunicação é a mais variada do reino animal, porque os humanos falam, escrevem, desenham, dançam, cantam... Usando essas formas de comunicação, os seres humanos transmitem o que sabem de geração para geração.

Os seres humanos se acasalam e têm filhos, mas estes demoram muito tempo até poderem viver sem a ajuda e a proteção dos pais, porque antes precisam aprender muitas coisas. Com isso, acumulam conhecimento ao longo do tempo, habilidade que nenhum outro animal tem.

Tudo o que o ser humano faz está impregnado de significados, os quais dependem da história de vida de cada um: do lugar onde se nasceu, do clima que ali existe, das paisagens que podem ser observadas, da língua que se aprendeu a falar, das pessoas que o cercam.

UM SER CULTURAL

Os pais transmitem aos filhos as características biológicas, mas não transmitem cultura por meio da reprodução. A cultura se desenvolve no convívio com a família, com os amigos, com a sociedade em que se vive.

O ser humano não vive apenas de realidades físicas. Ele vive em um universo de coisas simbólicas, as quais permitem criar e recriar o mundo, onde existem a ciência, a arte, a religião e a filosofia.

Para o ser humano, um pôr do sol não é apenas o resultado do movimento de rotação da Terra. Ao olhar humano, esse fenômeno se transforma em música, em desenho, em filme, em poesia, em saudade, em esperança, em amor e em tantas outras coisas.

O ser humano transforma o mundo com suas ideias. E ao transformar o mundo, ele também se transforma. E esse movimento nunca cessa.

Os seres humanos morrem, assim como os outros animais. Mas são os únicos que enterram seus mortos com cerimônias e imaginam se há vida após a morte e como ela pode ser.

Tendo tantas qualidades que o distinguem de outras espécies, tendo o poder de compreensão e criação que sua inteligência permite, o ser humano colocou a si mesmo o apogeu da criação.

Funeral pré-histórico na Idade da Pedra. Na frente do cortejo, as pessoas carregam tochas acesas e a pessoa morta é transportada em uma cama de galhos. Ela será enterrada na caverna e grandes pedras serão colocadas na entrada. No túmulo serão depositadas as armas do guerreiro e outros artefatos que ele usava.

Somente no século XX, quando a Teoria da Evolução de Darwin e Wallace e os conhecimentos de Genética e de Ecologia mostraram que estamos sujeitos às mesmas leis biológicas que os outros animais, concluímos que não somos a melhor e mais sábia espécie do planeta, nem superior a qualquer outra. Somos apenas mais uma espécie entre tantas outras que habitam a Terra.

Assim, do mesmo modo que a capacidade de planejamento e ação da espécie humana permitiu que ela dominasse o planeta, essa mesma capacidade de planejamento e ação vai permitir que ela seja capaz de se harmonizar com as demais espécies. E, se assim não for, essa mesma espécie humana que dominou o planeta poderá ser extinta antes que uma outra surja dela, melhor adaptada às condições da Terra.

3. Terra, a morada da vida

EM 1968, TRÊS ASTRONAUTAS dos Estados Unidos pilotaram a nave espacial Apolo 8 até a Lua. Foram os primeiros humanos a ver e a fotografar a Terra de tão longe.

A imagem da Terra no espaço foi vista na televisão e em jornais do mundo inteiro e ficou conhecida por milhões de pessoas. Ela nos ajudou a perceber que somos passageiros de uma grande espaçonave – a espaçonave Terra –, único lugar que temos para viver. E também o único lar de bilhões de outros seres vivos.

Ao longe, a Terra iluminada pelo Sol. Na parte inferior da imagem, aparece a superfície da Lua.

"Vista do espaço, a Terra mais parece uma pequena e delicada bola de Natal, que deveríamos tratar com muito cuidado."
(William Anders, astronauta da Apolo 8)

A BIOSFERA

A Terra é a morada da vida no universo. Só ela apresenta as condições e características que permitem a existência de seres vivos, pelo menos na forma que conhecemos atualmente.

Não são todos os lugares da Terra que abrigam seres vivos. As condições necessárias para manter a vida existem apenas na biosfera.

Na biosfera existe tudo o que é necessário à vida: gases do ar, água líquida, solo, luz solar, calor. Essas condições variam de um lugar para outro. Há lugares onde chove muito e há outros com pouca ocorrência de chuva. A temperatura varia desde o calor do deserto até o frio das terras geladas. Lagos, rios e mares são diferentes da terra firme. Os mares apresentam características distintas das de rios e lagos.

Limite superior da biosfera: Monte Everest, que se localiza entre a China e o Tibet, a 8 850 metros de altitude.

O limite superior dessa esfera de vida que envolve o planeta está pouco abaixo do cume gelado das altas montanhas, onde o gelo é eterno e a falta de água líquida impossibilita a sobrevivência da maioria dos seres.

O limite inferior da biosfera é o fundo do mar, onde estão as fontes termais submarinas conhecidas como fumarolas, em que as temperaturas são superiores a 400 °C. Delas saem gases que se resfriam e precipitam, fazendo a fumarola ficar cada vez mais alta. Ali vivem vermes que se nutrem de bactérias.

Limite inferior da biosfera: fontes hidrotermais, a 8 mil metros de profundidade.

As condições da biosfera se modificam com o decorrer do tempo. Regiões quentes já foram geladas e regiões de terra firme já foram o fundo do mar.

A partir do século XX, a biosfera começou a mudar cada vez mais depressa, e nós, os seres humanos, somos os responsáveis por isso.

A ATMOSFERA PROTEGE A BIOSFERA

A atmosfera terrestre é formada por uma mistura de gases. O gás que predomina é o nitrogênio, seguido do oxigênio e do gás carbônico.

A composição da atmosfera varia com a altitude. Junto à superfície, o ar contém certa quantidade de oxigênio, mas à medida que a altitude aumenta, esse ar se torna cada vez mais escasso. Os montanhistas que sobem o Monte Everest precisam carregar cilindros com oxigênio para conseguir chegar ao topo. São raros os que conseguem essa proeza sem essa grande ajuda.

Nas altitudes elevadas, a ação dos raios ultravioleta sobre o oxigênio produz o ozônio, que forma uma camada que envolve a Terra e barra a entrada da maior parte dos raios ultravioleta provenientes do Sol. Esses raios, quando recebidos em quantidade excessiva, causam a morte. Portanto, se não fosse a camada de ozônio, a vida só seria possível dentro da água.

Há alguns anos, os cientistas descobriram que esse escudo protetor da vida na Terra estava sendo destruído por um gás usado nos aerossóis, o CFC. Com isso, a espessura da camada de ozônio vem diminuindo, principalmente sobre a Antártida. Nesses locais onde a camada é mais fina, os raios ultravioleta atravessam. O uso do gás CFC foi proibido em um acordo internacional e a camada de ozônio está se refazendo. De acordo com estudos recentes, ela estará totalmente refeita em 2050.

Mais uma vez nós, seres humanos, estamos modificando a biosfera. A quantidade de gás carbônico no ar está aumentando e formando uma cobertura ao redor da Terra em virtude da queima, todos os dias, em todos os lugares do mundo, das matas, de carvão, lenha, álcool, gasolina, óleo diesel e tantos outros combustíveis. Vem ocorrendo também o aumento da emissão de outros gases, como o metano. Nesse caso, o gás é produzido pelo arroto do gado e como a quantidade de rebanhos está aumentando a cada dia, também se intensifica a emissão desse gás.

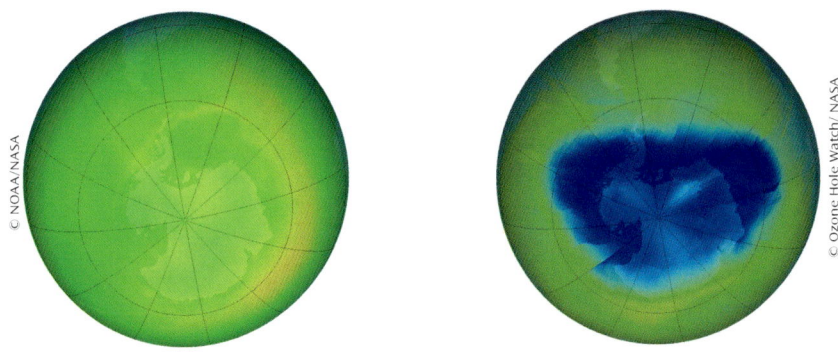

As imagens mostram a camada de ozônio (verde) envolvendo a Terra em 1979 e a região de pouca espessura (azul) sobre a Antártida, em 2010.

Se a emissão de gás carbônico e de outros gases continuar com a mesma intensidade, o cobertor de gás que envolve a Terra e mantém sua temperatura vai ficar espesso demais e a temperatura global aumentará. O calor excessivo poderá derreter o gelo dos polos. Os animais que vivem nas regiões polares já estão sentindo os efeitos decorrentes do aquecimento global.

O ser humano também vai sentir os efeitos do aquecimento global, porque, se o gelo da Terra derreter, o nível do mar subirá e a água cobrirá as praias e também as cidades à beira-mar.

Além disso, lugares onde chove muito poderão ficar secos e regiões secas ficarão sob a ação de chuvas contínuas, o que afetará a produção agrícola.

O derretimento das placas de gelo do Ártico afeta a vida do urso-polar, porque ele anda sobre as placas para caçar focas, seu principal alimento.

 ### Existe vida em outros planetas?

Muitos cientistas supõem que em outros sistemas solares da nossa galáxia e em outras galáxias do vasto universo, possa existir vida inteligente. Esses pesquisadores têm enviado para o espaço cósmico mensagens em naves espaciais.

Além disso, de vários locais da Terra, instrumentos enviam ondas de rádio para o espaço e outros recebem ondas que vêm do universo. Mas, até hoje, nenhum sinal de vida extraterrestre foi captado por esses instrumentos, e nossas mensagens continuam sem resposta.

Durante muito tempo, acreditou-se que o planeta Marte era habitado. Isso ocorreu porque, quando olhamos esse planeta pelo telescópio, vemos canais que parecem ter sido construídos.

Em 1976, uma sonda comandada da Terra pousou em Marte. Dela saíram braços mecânicos que coletaram punhados de solo para análise dentro da sonda, no próprio local. Os dados enviados para a Terra não mostraram nenhum sinal de vida.

Representação artística do módulo que foi enviado para explorar a superfície de Marte em 2004. Ele funciona com baterias solares e pode ser movido de um lado para outro. Carrega um microscópio e instrumentos para análise das rochas. Com ele, a NASA descobriu muitos fatos sobre esse planeta.

Biomas brasileiros

De acordo com o Ibama (Instituto Brasileiro do Meio Ambiente e Recursos Naturais), o Brasil é o país que apresenta a maior biodiversidade do planeta. Foi o primeiro signatário da Convenção sobre a Diversidade Biológica (CDB) e é considerado, pela Conservation International (CI), megabiodiverso, ou seja, um país que reúne ao menos 70% das espécies vegetais e animais do planeta.

A biodiversidade pode ser qualificada pela diversidade de ecossistemas, de espécies biológicas, de endemismos e de patrimônio genético. Em razão de sua dimensão continental e da grande variação geomorfológica e climática, o Brasil abriga seis biomas, 49 ecorregiões e incalculáveis ecossistemas.

4. Amazônia

NA AMAZÔNIA EXISTEM vários ecossistemas. Um deles é a Floresta Amazônica. Nela ocorre o clima equatorial úmido, onde as chuvas são constantes.

Na época das chuvas fracas, os rios correm em seus leitos; no período das chuvas fortes, eles invadem boa parte da floresta. A água dos rios não chega às partes altas. Nesses locais, estão as copas imensas das árvores, que permitem a

Floresta Amazônica alagada na época das chuvas.

entrada de pouca luz, o que explica o fato de não crescerem as plantas rasteiras. É fácil caminhar nessa mata escura, embora o ar seja úmido e o ambiente, abafado.

As folhas caem e apodrecem depressa por causa do calor e da umidade, formando um tapete fofo sob o qual vivem centenas de pequenos animais.

Por todos os lados se escuta o zumbido dos mosquitos, gritos de tucanos, o estardalhaço de araras, a correria dos macacos que pulam de galho em galho. Eles dividem frutos, folhas e insetos com os tamanduás-mirins e as preguiças.

Rumo à beira do rio, o caminho se torna menos acessível, porque as árvores são mais esparsas e a luz do Sol clareia o chão, fazendo crescer plantas rasteiras.

A anta e a onça

Um bando de antas pasta tranquilamente. São em número de nove e as mais velhas têm quase um metro e meio de comprimento e o mesmo tanto de altura.

De repente elas se agitam; sentiram a presença da onça-pintada, que está à espreita, atrás de um tronco caído.

A onça percebe o cheiro das antas. Está ali há muito tempo, pois as antas vêm sempre pela mesma trilha da floresta e param para pastar perto do rio. As onças são boas nadadoras e também correm com velocidade.

A onça escolhe uma anta nova, que acabou de se refrescar no rio, e, num salto, pula em seu lombo. Gritando de dor, a anta corre uns poucos metros, arrastando a onça no lombo com seus músculos.

A anta consegue escapar porque seu couro está liso, e sai em disparada. Ela e toda a manada se atiram no rio. Todas mergulham.

A onça nada bem, mas não é de mergulhar. Hoje, vai ficar sem sua refeição.

Anoitece. Sentindo fome, ela se acomoda no chão para cochilar.

Na outra margem, o bando de antas sai do rio e segue pela floresta, calmamente.

Na floresta é assim: todos os animais estão sempre à procura de alimento.

Onça, jaguar, onça-pintada são nomes desse animal de grande beleza e força. Mede 1,50 metro e tem mais um metro de cauda.

A anta vive nas margens dos rios. Sua carne de bom sabor e seu couro macio a tornam alvo cobiçado dos caçadores.

HABITANTES DA FLORESTA

Nas árvores da Floresta Amazônica vivem muitos tipos de macaco, como o sagui, o macaco-aranha e o guariba. Vários deles estão ameaçados de extinção, pois os caçadores capturam macacos para vender nas estradas e em feiras. Geralmente, dão cachaça para que os animais se acalmem e é comum arrancarem suas presas para que eles não mordam. Com tantos maus-tratos, muitos morrem antes de chegar ao local de destino.

Guariba ou bugio, com cerca de 80 cm de comprimento.

O uacari-vermelho tem 60 cm de comprimento e mais 15 cm de cauda.

Preguiça-de-bentinho, que vive no norte da Amazônia. Tem 50 cm de comprimento. A preguiça é lenta nas árvores, mas nada com grande agilidade. Alimenta-se de folhas. Seus predadores são as onças, as sucuris e os gaviões.

Araras, papagaios e jandaias enfeitam as árvores com suas cores berrantes. Lá no alto agarram-se firmemente aos galhos com os pés e, se for preciso, também se seguram com o bico. Por causa da beleza de suas penas, essas aves estão sendo caçadas e vendidas pelo Brasil ou até no exterior, onde nem sempre chegam vivas em virtude da longa viagem.

Arara-canga.

Jandaia.

Anacã.

Há leis que proíbem a caça dessas aves e dos demais animais silvestres, bem como seu comércio e sua manutenção em cativeiro. Mesmo assim, os animais continuam desaparecendo. O contrabando de animais silvestres no Brasil é o terceiro do mundo, só perdendo para o tráfico de drogas e de armas. As árvores da Floresta Amazônica atingem até 50 metros de altura e suas copas se tocam no alto, deixando o solo sombreado.

Nos galhos crescem orquídeas e bromélias. Elas armazenam água e retiram sais minerais das cascas mortas das árvores às quais estão presas. O filodendro tem longas raízes, que alcançam o solo.

Na Floresta Amazônica é sempre calor e chove todos os dias. Essa é uma região tropical, de temperatura elevada e úmida. O solo é fino e arenoso, mas, como está sempre coberto de folhas que apodrecem, é constantemente adubado. Quando as árvores são cortadas, esse adubo natural é levado pelas chuvas, e nada mais cresce no solo pobre.

Não existe no mundo uma floresta tão vasta como essa. Em grande parte, ela ainda está preservada.

Árvore da Amazônia.

Orquídea da Amazônia.

O SER HUMANO TAMBÉM VIVE NA FLORESTA

Há milênios os indígenas habitam a floresta. Com a chegada dos europeus e a miscigenação entre as etnias, nasceram mestiços caboclos, de pele cor de canela, olhos puxados e cabelos lisos. São parecidos com os indígenas, de quem herdaram também o conhecimento da floresta. Por viverem principalmente à beira dos rios, eles são chamados de ribeirinhos.

Esse caboclo entra com facão e canecas nas matas da região, risca o tronco da seringueira com o facão e recolhe na caneca o líquido branco que escorre. Com esse líquido se produz a borracha natural, hoje já substituída pela borracha sintética.

Os ribeirinhos são caçadores, plantadores, pescadores, apanhadores de castanhas e canoeiros.

Riberinho, morador da Amazônia, e sua casa flutuante.

Indígenas do Xingu (MT) pescando com zagaia (arpão) na grande pescaria que antecede o Kuarup.

Caboclos e indígenas são os legítimos donos dessas terras, as quais foram herdadas de seus antepassados. Apesar disso, estão sendo expulsos de seu ambiente. Os que ficam assistem à destruição da floresta que forneceu seu sustento em razão da derrubada das árvores para aproveitamento da madeira, para ceder lugar a plantações, à criação de gado e à exploração de minérios.

O mundo está de olho

Ano após ano, chegam à Amazônia agricultores, criadores de gado, garimpeiros, comerciantes, todos à procura de um novo lugar para viver. Para fazer plantações, criar gado, procurar minérios, construir casas, abrir estradas, ele derrubam árvores. As madeireiras derrubam árvores e transportam os troncos pelos rios. As mineradoras cavam imensos buracos para extrair minérios. E a floresta vai desaparecendo...

Os mais prejudicados são os ribeirinhos e os indígenas. Ambos perdem a vegetação e as matérias-primas encontradas na floresta, perdem a caça e tudo o que usam para construir suas casas. E logo serão perdidos também os conhecimentos desses habitantes, que sabem tudo a respeito da floresta, das plantas e dos animais encontrados nesse hábitat. São das florestas que surgem, por exemplo, remédios que combatem muitos males.

Também prejudicado será o resto do mundo, pois a destruição da floresta poderá alterar o regime dos ventos, a evaporação da água e a temperatura global do planeta.

Como aproveitar a Floresta Amazônica sem perder por completo essa riqueza da Terra? A resposta a essa pergunta precisa ser encontrada antes que seja tarde demais.

Área desmatada na Floresta Amazônica.

5. Mata Atlântica

A MATA ATLÂNTICA É UMA FLORESTA TROPICAL úmida que se estende pelo litoral do Brasil, de norte a sul, e avança as serras até penetrar o interior. Mais correto seria afirmar que ela era assim no passado, pois hoje é um bioma que foi destruído pela interferência humana, com a criação de cidades, de áreas agrícolas, de gado, de instalação de petrolíferas, mineradoras e portos.

Mata Atlântica da Jureia, no estado de São Paulo.

Ainda restam partes dessa floresta, considerada a de maior biodiversidade de espécies do mundo, ou seja, que abriga grande variedade de espécies, muitas endêmicas, isto é, que só vivem nessa mata.

O nome do nosso país se deve a uma árvore que era comum na Mata Atlântica: o pau-brasil. De cor avermelhada e aspecto vistoso, os troncos dessa árvore foram levados principalmente para Portugal e deles se extraía uma tinta vermelha como a cor da brasa. Hoje ela é uma árvore rara.

Árvore do pau-brasil.

Tronco do pau-brasil.

Flor do pau-brasil

Mico-leão-dourado, endêmico da Mata Atlântica.

Beija-flor polinizando flor.

Em virtude da localização e do tipo de clima, a Mata Atlântica da zona costeira é semelhante à Floresta Amazônica, com muita chuva, coberta de árvores de grande porte e arbustos, muitas espécies de trepadeiras, bromélias, orquídeas e cipós.

Nelas vivem muitas espécies de borboletas, aves de muitas cores, sapos, rãs e pererecas, mamíferos de todos os portes.

Borboleta pondo ovos.

MATA DE ARAUCÁRIA

No bioma Mata Atlântica existiram grandes áreas da Mata de Araucária, formada por árvores altas: a araucária ou pinheiro-do-paraná. A semente da araucária é o pinhão, saboroso e apreciado em todo o país.

Esse ecossistema foi e continua sendo destruído para dar lugar a plantações e a pastos. A madeira da araucária, chamada "pinho", é muito usada na construção de casas e na fabricação de móveis, janelas e portas.

A Mata Atlântica também abriga uma intrincada rede de rios, como o Paraná, o Tietê, o São Francisco, o Doce, o Paraíba do Sul, o Paranapanema e o Ribeira de Iguape. É uma rede hidrográfica importante para a vida dos muitos animais e também para o abastecimento humano e para as atividades econômicas, como a agricultura, a pecuária, a indústria.

Se Pero Vaz de Caminha voltasse hoje ao Brasil, diria que a quantidade de floresta que ele viu não existe e as águas deixaram de ser infindas.

Araucária, com sua copa característica, aberta e bem no alto.

A gralha-azul enterra os pinhões dos quais surgem novas araucárias.

Pinhas e pinhões da araucária.

6. Caatinga

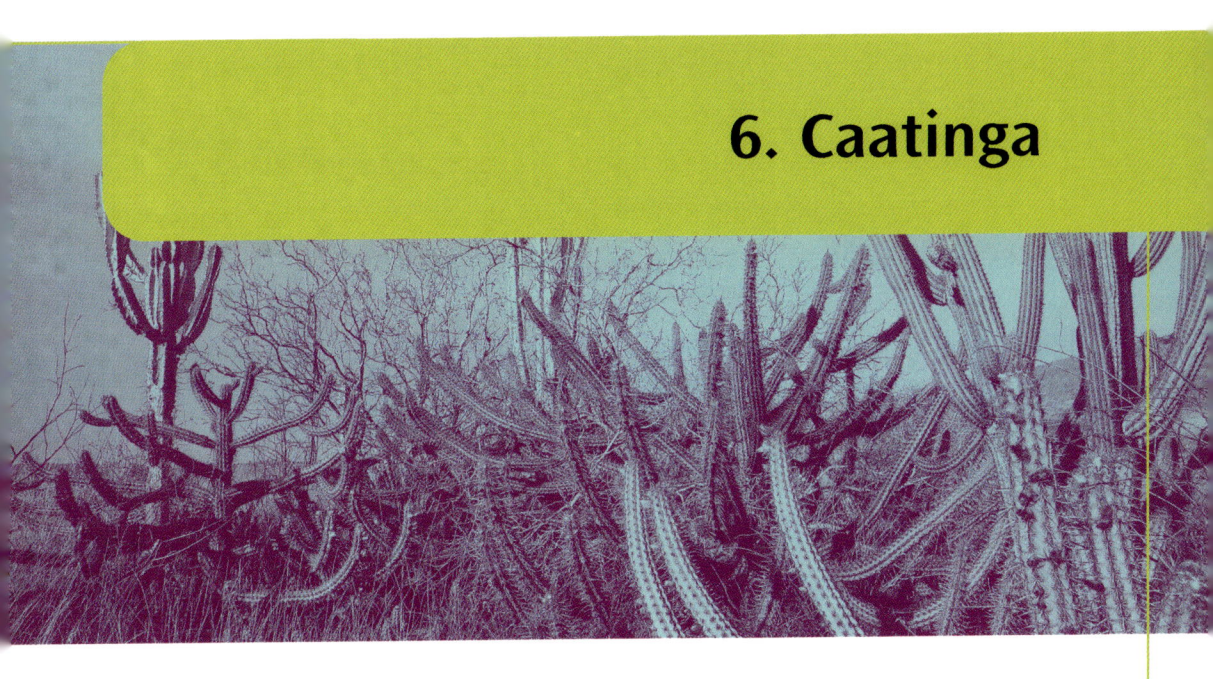

CAATINGA, NA LÍNGUA DOS INDÍGENAS, quer dizer "mata branca". A temperatura nesse ambiente é elevada e, por causa da falta de chuva por longos períodos, as plantas ficam quase brancas, ressecadas no chão arenoso, duro e cheio de pedras.

Caatinga na seca. O que parece uma estrada é o leito de um riacho que secou no período de estiagem no sertão pernambucano.

Mas as plantas da região estão preparadas para enfrentar as secas. Quase todas perdem suas folhas, que logo viram pó levado pelo vento. Assim, as plantas economizam água, pois é por meio das folhas que elas transpiram. Os cactos, comuns por toda parte, têm espinhos no lugar de folhas e reservam água no caule verde e grosso, para os períodos de seca.

Nos tempos de seca, quando até o juazeiro, uma árvore de grande porte, fica sem folhas, a preocupação de todos aumenta e só se falam das chuvas que devem cair.

Mas, certo dia, as chuvas voltam a cair na caatinga, que vai ficando verde com as folhas, colorida de flores e frutos, para alegria dos bichos e das pessoas. Chegou o tempo de plantar para colher.

HABITANTES DA CAATINGA

Nesse bioma são comuns os mocós, roedores pouco maiores que um ratão. Eles vivem em uma verdadeira fornalha, pois fazem suas tocas entre as pedras aquecidas pelo Sol. Nelas, passam todo o dia.

Mocó escondido na toca de pedras.

No frescor da noite, saem em corridas rápidas para comer brotos, folhas e frutos. Na seca forte, comem até casca de troncos. Qualquer barulho faz todos voltarem para suas tocas.

Esses animais têm razão de ter medo. Por serem resistentes à falta de água, nas secas se tornam praticamente a única comida de gatos-do-mato, gaviões, cobras e até das pessoas que ali vivem.

Mas logo chegam as avoantes, pequenas pombas que vêm de longe para botar ovos e criar seus filhotes na caatinga. Chegam quando água e comida já estão escassas. Por isso elas são bem-vindas por todos – pessoas e bichos.

Há alguns anos, os bandos de avoantes estão rareando, talvez por causa da caça na época da reprodução. Isso é grave, pois nas secas são elas que constituem a base da alimentação de muitos seres vivos.

A avoante é pouco maior do que uma pomba.

Bem parecida com a avoante, porém um pouco maior e com penas brancas nas asas, uma pomba da caatinga ficou conhecida no Brasil inteiro na voz de Luiz Gonzaga, o Rei do Baião a asa-branca.

A maior inspiração para a música *Asa branca* foi esse pássaro.

O carcará é um gavião respeitado na caatinga. Enfrenta cobra, caça bichos grandes e pequenos, não despreza galinhas nem bezerros. Come até carniça, mas não perde a pose de rei. Apesar do tamanho e da valentia, às vezes o carcará é espantado por beija-flores e bem-te-vis, quando esses animais defendem os seus ninhos.

O lagarto papa-vento é difícil de ser encontrado, pois fica horas sobre um tronco sem se mexer um milímetro. E quando ameaçado, muda a cor da pele e se confunde com o tronco. Se esse disfarce não funciona, ele foge rapidamente. Acuado, estufa o papo, parecendo maior do que é. Por causa dessa habilidade, foi nomeado papa-vento.

O carcará, gavião de quase um metro de altura, é o grande caçador da caatinga: ele pega a presa, mata e come.

Papa-vento.

Teiú.

O teiú é outro lagarto. Sua aparência assusta, mas ele é manso, só come vermes, lagartas e insetos. Se encontra um galinheiro, faz festa, porque adora chupar ovos. Nas brigas, usa o rabo longo como chicote.

Muito temida na caatinga é a cascavel, que avisa quando ameaçada: os anéis da ponta de sua cauda fazem um som de chocalho quando ela se enrola para dar o bote. Seu veneno mata.

A cascavel tem a pele coberta de escamas que formam desenhos geométricos. É temida na caatinga e também é encontrada em outros biomas.

O maracajá é um gato selvagem, que se esconde em ocos de árvores, buracos do chão e fendas das pedras, onde as fêmeas fazem seus ninhos. Bom caçador, não passa fome na caatinga. Mas é muito perseguido pelos caçadores por causa do seu pelo malhado. Depois de curtido, pode virar tapete ou enfeite para ser usado em vestimentas que cobrem o ombro das mulheres. Triste fim para um animal tão belo! E muito manso quando convive desde pequeno com as pessoas.

Gato maracajá.

Cactus facheiro, mandacaru e xiquexique (*Pilosocereus gounellei*) na caatinga.

Mandacaru, facheiro, xiquexique e coroa-de-frade são alguns cactos da caatinga. Estão sempre verdes, mesmo na ocorrência da pior das secas. Suas flores abrem-se à noite e se fecham de manhã, para escapar do calor forte. Sem folhas, resistem bem ao calor dos dias e à seca durante meses na caatinga.

A barriguda, uma das maiores árvores da caatinga, tem o tronco grosso que armazena água e sua copa de galhos, quase sem folhas.

Barriguda na caatinga seca. Todas as folhas caem, evitando que a árvore perca a água que acumula no tronco.

O SER HUMANO TAMBÉM VIVE NA CAATINGA

Na caatinga vivem vaqueiros conhecidos no Brasil inteiro por suas roupas, sua música e sua valentia.

Vestido de couro curtido, enfrenta a vegetação espinhosa montado em seu cavalo, debaixo do Sol forte. Olha a paisagem enquanto o gado pasta. Até parece estar dormindo naquele calorão. Mas, quando um dos animais da manada se assusta com alguma coisa e foge, o vaqueiro sai em disparada, quebrando galhos espinhosos com seu corpo protegido pelo couro. Só sossega quando traz de volta o animal desgarrado.

Ninguém conhece a caatinga tão bem como os vaqueiros. Eles sabem para que serve cada planta: se é para comer, extrair água ou fazer remédios.

Quando as chuvas demoram demais para chegar e a sobrevivência fica difícil, muitas pessoas da caatinga partem em busca de outro lugar para viver. Algumas vão para as cidades, ambiente que desconhecem, onde só conseguem trabalhos pesados e mal pagos.

Vaqueiro entra na caatinga para procurar um boi perdido.

O sertanejo

O sertanejo vive na paisagem da caatinga. Ninguém melhor descreveu esse brasileiro do que Euclides da Cunha, no livro *Os sertões*:

"As vestes são uma armadura. Envolto no gibão de couro curtido, de bode ou de vaqueta, apertado no colete também de couro; calçando as perneiras, de couro curtido ainda, muito justas, cosidas às pernas e subindo até a virilha, articuladas em joelheiras de sol; e resguardados os pés e as mãos pelas luvas e guarda-pés de pele de veado –, é como a forma grosseira de campeador medieval, desgarrado em nosso tempo.

> Esta armadura, porém, de um vermelho pardo, como se fosse de bronze flexível, não tem cintilações, não rebrilha ferida pelo Sol. É fosca e poenta. Envolve o comandante de uma batalha sem vitórias..."
>
> Euclides da Cunha, *Os sertões*, São Paulo, Clube do Livro, 1975, p. 95.

Nas vaquejadas que acontecem no inverno, muitos sertanejos se reúnem ao convite do vaqueiro de uma fazenda onde vai ser feita a vaquejada. Todo o gado espalhado pelos campos afora vai ser reunido. Uma tarefa difícil. Tudo é preparado com antecedência: a comida, as roupas, os valos.

A vaquejada pode demorar uma semana, quinze dias, um mês. Nesse tempo, todo o gado é recolhido, revisto, separado. Muitos animais, que nunca foram presos e nunca viram um curral, são bravos. Eles é que são domados pelo sertanejo, que se torna um verdadeiro herói.

Mas, em época de seca, esses cavaleiros de grande sabedoria no ambiente onde sempre viveram, são obrigados a largar sua terra e mudar para as cidades, onde se sentem ignorantes e diminuídos, como crianças perdidas em uma cidade grande.

7. Cerrado

O CERRADO É UM ECOSSISTEMA COMPOSTO de árvores baixas, espaçadas entre si e com galhos retorcidos. Arbustos e capim crescem entre elas.

Muitas espécies de árvores têm casca grossa e enrugada, cerne de madeira mole, que se quebra com facilidade. As folhas são pequenas, duras, brilhantes, e as flores parecem feitas de cera.

Cerrado durante a seca.

Na época da seca, os arbustos perdem as folhas e o capim fica dourado. Aos olhos do viajante, essa vegetação até parece pronta para enfrentar a falta de água. No entanto, embora não chova há tempos, as árvores permanecem verdes e algumas até com flores. Isso depende de água. Mas que água, se não chove?

A água está a cerca de 20 metros de profundidade, entre as rochas do subsolo. É lá embaixo que as árvores vão sugar a água com suas longas raízes. As que têm raízes curtas perdem as folhas para economizar água.

O Cerrado se localiza em regiões quentes e apresenta longos períodos de seca. Suas árvores de casca grossa levaram muitos pesquisadores a acreditar que essa era uma vegetação que se adaptava bem à falta de água. Depois de anos de estudos, os pesquisadores descobriram que o solo do Cerrado contém muito alumínio. Essa substância se dissolve na água, que é absorvida pelas raízes e se acumula em várias partes da planta, tornando as folhas espessas, as cascas grossas e as flores como se fossem de cera. Essas plantas resistem até ao fogo.

Cerrado pegando fogo.

De tempos em tempos, o fogo queima o Cerrado. Às vezes, o fogo é ateado pelos agricultores; outras vezes é causado por raios.

De um jeito ou de outro, de vez em quando, o fogo queima tudo, deixando o Cerrado negro como o carvão. Mesmo assim, as plantas não morrem. Os dias passam e, de repente, tudo começa a brotar. Flores coloridas e folhas verdes surgem sobre o carvão e as cinzas. Do toco da árvore que crescia reta e queimou, brotam dois galhos, um para cada lado. E assim a paisagem vai ficando tomada de galhos retorcidos.

HABITANTES DO CERRADO

O barbatimão é uma árvore de poucos metros de altura, mas com longas raízes, que chegam a quase 20 metros, onde absorvem a água no subsolo. Sua casca grossa, que se solta com facilidade, contém tanino, usado para curtir o couro. Por isso, o barbatimão é cortado, mesmo pequeno, e está se tornando escasso nesse bioma.

Barbatimão, árvore pequena, mas com raízes muito longas.

Quando anoitece no Cerrado, quebrando o silêncio, soa um uivo de arrepiar. É o guará, também chamado de lobo-guará. Apesar do uivo assustador, do tamanho e da aparência de lobo, ele foge sempre que nota a presença

Lobo-guará, o solitário do Cerrado.

de pessoas. Bom caçador, come aves, ovos e pequenos animais, mas também gosta de frutas e até de carniça. Suas pernas longas permitem boas corridas por entre a vegetação aberta do Cerrado. Infelizmente, é bastante caçado por causa da pele e é outro animal em estágio de extinção.

O veado-campeiro pasta em pequenos bandos pelo Cerrado. Para disputar as fêmeas, os machos lutam valentemente. Às vezes, os chifres galhudos de um se

Veado-campeiro no capinzal do Cerrado.

engancham nos chifres do outro. Os brigões, não conseguindo se separar, morrem de fome e viram alimento para outros bichos. Esse animal também está quase extinto em decorrência da ação dos caçadores.

Tatu-peba junto da toca em que se abriga.

    O tatu-peba cava o buraco onde se abriga. Sua ferramenta são as garras compridas e fortes das patas da frente. Passa o dia inteiro na toca, dormindo ou se alimentando de minhocas. À noite sai para comer cupins e formigas, frutas e raízes. Ele se defende usando as placas duras e grossas que cobrem seu corpo.

    É comum encontrar o tatu-peba empalhado para venda aos turistas, bem como sua pele, em lojas de beira de estrada. Por causa disso e também por causa de sua carne saborosa, quase não se encontram mais tatus no Cerrado.

    As emas também estão desaparecendo do Cerrado. As pessoas da região comem essas aves, e seus ovos são tirados dos ninhos para fazer omeletes. Em pouco tempo, só será possível ver essa graciosa ave nos jardins zoológicos.

Ema.

A ema não voa, mas é boa corredora. Quando está acuada, defende-se com patadas. Com seu bico forte, mata pequenos animais para comer, mas também gosta de plantas, insetos e minhocas.

O canário-da-terra encanta o Cerrado com seu canto. Mas as pessoas não se contentam em ouvir esse canto na natureza e aprisionam essa ave em gaiolas. Por essa razão, essa espécie é cada vez mais rara, embora exista uma lei que pune com prisão aquele que captura, aprisiona, vende ou cria qualquer animal silvestre.

Canário-da-terra.

Um abraço de tamanduá

Era de madrugada quando seu Manoel, um velho habitante do Cerrado, acordou assustado: estavam arranhando a porta. Levantou devagar, espiou por uma fresta da janela e viu um vulto negro da altura de um homem.

O barulho continuou.

Seu Manoel ficou bem quieto, espiando. Quando seus olhos se acostumaram à escuridão, viu um focinho comprido e fino, a cauda longa que balançava pra lá e pra cá. Então, respirou aliviado:

Tamanduá comendo formigas.

era um tamanduá-bandeira que arranhava a porta com as patas da frente.

No Cerrado ainda andam muitos tamanduás. São mansos, dificilmente atacam. Quando não conseguem fugir do perseguidor, sentam, se apoiam na cauda, levantam as patas da frente para se defender. Dizem que, quando conseguem agarrar o inimigo, cravam-lhe as unhas e não soltam mais.

Muitas histórias sobre tamanduás são contadas na beira da mata. Falam de tamanduás que foram encontrados abraçados a onças, ambos mortos.

Seu Manoel esperou até o tamanduá ir embora e voltou para a cama. Por certo o bicho estava procurando comida.

O tamanduá costuma andar de madrugada à procura de comida. Quando o dia esquenta, enrola-se no chão, cobre-se com a grande cauda de pelos duros e dorme. Parece um monte de palha. À tardinha sai atrás de formigueiros e cupinzeiros, os quais são arrebentados com as unhas fortes. Depois, os tamanduás pegam as formigas e os cupins com a língua grudenta, fina e comprida. O tamanduá não tem dentes e nem precisa deles.

O dia raiou, e seu Manoel começou a lida. Já havia esquecido o tamanduá quando ouviu latidos. Viu o animal fugindo de dois cachorros com um filhote agarrado às costas. Certamente era a fêmea que arranhara a porta durante a noite.

Acuado, o tamanduá sentou e levantou as patas para se defender.

Seu Manoel voltou-se para a mata e viu um rapaz saindo com uma espingarda na mão.

Tamanduá carregando filhote.

O velho ficou furioso, correu ligeiro e tomou a espingarda do rapaz, enquanto o tamanduá e seu filhote adentravam o Cerrado. Matar bicho manso como esse é covardia. Ainda mais um bicho de couro duro e carne ruim, sem serventia. Caçar tamanduás para se divertir é comum nesses lugares.

Ainda nervoso, sentado à porta de sua casa, seu Manoel ficou pensando: ele não entendia por que existem pessoas que não respeitam nem mesmo um animal tão manso como o tamanduá.

8. Pampa e Pantanal

O PAMPA É UM BIOMA com vários ecossistemas. Um deles são as pradarias cobertas de capim, com pouquíssimas árvores e um ou outro arbusto. Alguns animais do Cerrado, como as emas e o veado-campeiro, vivem nesse bioma. Mas há regiões do Pampa que são elevadas, cobertas de florestas. E também existem as lagunas.

Paisagem dos pampas, no Rio Grande do Sul.

O graxaim e o gato palheiro habitam o Pampa.

O Pantanal ocupa áreas do Brasil, da Bolívia e do Paraguai. Nessa região, as chuvas abundantes durante seis meses inundam vastas áreas e fazem surgir numerosas lagoas.

O gado, criado solto e vigiado pelos peões pantaneiros, mistura-se à fauna da região – onças-pintadas, jacarés, capivaras, além de uma grande variedade de aves. Entre elas, está o jaburu, também chamado tuiuiú, que é a ave símbolo do Pantanal.

Pantanal à margem do Rio Vermelho, Mato Grosso do Sul.

Tanto o gaúcho do Pampa, quanto o pantaneiro (abaixo) são criadores de gado e cavalo.

O ambiente e a vida se transformam

Os biomas que cobrem vastas áreas do Brasil são formados por vários ecossistemas. Em cada ecossistema, o clima e o tipo de solo influenciam a vegetação, ou seja, as plantas estão adaptadas à temperatura, à quantidade de chuvas e ao regime dos ventos. Pode-se afirmar que o clima e o tipo de solo de cada bioma selecionaram, no decorrer do tempo, as plantas que nele vivem.

Os animais também foram selecionados pelo ambiente.

Nas florestas, onde há muitas árvores, vivem animais trepadores, que nos galhos procuram alimento e abrigo. A Caatinga, o Cerrado e o Pampa têm vegetação rala, favorável aos animais que pastam e correm. O Pantanal, a maior planície inundável do mundo, é habitado por grande variedade de peixes e por grande quantidade de jacaré-do-papo amarelo.

A natureza promove suas experiências de adaptação desde que existe vida no planeta. Durante esses bilhões de anos, os seres vivos se reproduziram e originaram descendentes. Sempre nasceram alguns com novas características. E o ambiente foi selecionando os que nele sobreviviam e deixavam descendentes. Os sobreviventes são os mais aptos, embora nem sempre sejam os mais fortes.

Depois do início da agricultura e da criação de animais, os seres humanos começaram a imitar a natureza, selecionando, para cruzamento, as plantas e os animais com as características que desejam: cães de bom faro para a caça, cães pequenos para companhia, galinhas poedeiras, vacas com grande produção de leite, hastes de trigo e espigas de milho que não soltam grãos, cavalos resistentes para carregar carga e velozes para corrida.

Dois cães diferentes um do outro: de porte, raça e pelos diferentes entre si. Mas são da mesma espécie e foram selecionados por suas características.

A seleção do ambiente atua sobre as espécies e, como consequência, sobrevivem os indivíduos que têm as características favoráveis àquele lugar, naquele momento. Ele age sem cessar sobre os indivíduos que fazem parte de uma população de determinada espécie.

Da mesma maneira, em uma espécie, a variabilidade entre os indivíduos também não cessa. Essa variabilidade, que torna um indivíduo diferente do outro, se deve aos cruzamentos, pois cada filhote herda uma mistura das características do macho e da fêmea que o gerou.

O ser humano e a natureza

Um grupo de *Homo erectus* usando o fogo para fazer lanças.

Os seres humanos viviam em pequenos grupos há cerca de 100 mil anos. Não cultivavam plantas nem criavam animais. A interferência humana no ambiente era pouco significativa mas já existia, pois eles eram os únicos animais que dominavam o fogo e usavam instrumentos de pedra e osso.

Antropólogos sul-africanos encontraram, em uma caverna da África, cerca de 270 ossos de animais carbonizados em uma fogueira. As datações mostraram que os ossos têm quase um milhão de anos. Era o tempo em que vivia na Terra a espécie *Homo erectus*. Esses hominídeos, que os cientistas acreditam ser a espécie que originou a espécie humana, usavam o fogo para cozinhar e caçar, mas não sabiam produzi-lo. Dependiam dos raios que ateavam fogo ao mato seco. A técnica de fazer fogo atritando gravetos é invenção da espécie *Homo sapiens* que, assim, adquiriu maior domínio sobre a natureza.

9. A domesticação das plantas e dos animais

O DOMÍNIO DO FOGO e o aprimoramento das ferramentas mudaram a relação dos seres humanos com a natureza. Mas foi com a domesticação das plantas e dos animais que eles se sentiram senhores de seu destino.

Representação artística de um grupo de caçadores que viveu há 90 mil anos. O pai ensina o filho a fazer ferramentas de pedra.

Há 10 mil anos, quando teve início a domesticação dos animais e das plantas onde hoje é o Iraque, o domínio dos seres humanos sobre a natureza se ampliou: eles deixaram de depositar sua sobrevivência apenas na caça e na coleta. O modo de vida mudou, primeiro nessa região, depois em todas as outras onde o cultivo do solo e a criação de animais se estabeleceram.

Um dos primeiros animais a ser domesticado foi o cão. Há pesquisadores que afirmam que esses animais seguiam as pessoas para comer os restos de comida e, assim, com a convivência, foram se tornando mansos. Outros dizem que os homens aprisionavam filhotes de cães selvagens, que se tornaram mansos no cativeiro. Seja como for, esses animais deixaram de ser caçadores e passaram a ser alimentados pelos seres humanos.

Depois, amansaram a ovelha e o touro na Europa, a lhama e a vicunha na América do Sul, o cavalo na América do Norte e na Ásia.

Ao mesmo tempo em que a criação de animais aumentava, o número de plantas cultivadas também aumentou: trigo, cevada, aveia na Europa; arroz na China; soja na Índia e no Japão; batata e feijão na América Latina; milho e tomate na América Central e do Norte.

Os seres humanos se tornaram agricultores e criadores de animais e as paisagens naturais começaram a ser modificadas para dar lugar a plantações, pastos, celeiros, moradias.

Para proteger suas plantações, as pessoas passaram a exterminar ratos e insetos, e, para proteger os animais que criavam, começaram a matar lobos e outros animais carnívoros.

Nos primórdios da agricultura, a força animal era usada para arar a terra e o arado era de madeira, tal como são comuns ainda hoje em algumas regiões.

Com fartura de alimento, a população cresceu. Vilas se tornaram cidadelas, que originaram reinos. E os reis mandaram construir caravelas para comercializar produtos e descobrir novas terras. Elas carregavam plantas e animais de um lugar para outro: laranjas e limões, que só existiam em regiões quentes da Ásia, foram parar em todas as regiões quentes do mundo; o café, da Arábia, veio parar no Brasil; a batata e o milho das Américas foram destinadas à Europa.

Em suas viagens, as caravelas também transportavam ratos, baratas, pulgas e percevejos.

As plantas cultivadas e os animais domesticados continuaram favorecendo o aumento da população. E mais comida era necessária. Assim, as áreas agrícolas e as pastagens, as vilas, as cidades e as estradas foram invandindo os ambientes naturais e, no decorrer do tempo, quase todos foram modificados pelo trabalho humano e se tornaram ambientes construídos.

Segundo a maioria dos ecologistas, não existe na superfície da Terra um único ambiente livre da interferência humana. Mesmo em regiões onde não se cria animais nem se cultiva vegetais, onde não há construções feitas pelas pessoas e a natureza parece imperar absoluta, nem mesmo nessas regiões a interferência humana está ausente. Isso acontece porque o ar circula pelo planeta, e gases emitidos pelas chaminés de indústrias distantes de uma floreta são levados pelo vento até a floresta. A mesma coisa acontece com a água dos rios que correm pelos continentes e leva a poluição de um lado para outro. Os oceanos não têm barreiras e os produtos químicos lançados em uma zona costeira povoada podem chegar a ilhas distantes totalmente desabitadas.

E essas regiões onde os elementos naturais predominam, talvez um dia também venham a se tornar pastagens e campos cultivados, pois quanto mais cresce a população humana, mais alimento é necessário.

10. O ambiente construído

NAS CIDADES, A ÁGUA CORRE POR DENTRO DE CANOS, e assim é distribuída à população. Nos esgotos, são jogados restos de comida, fezes, urina, sabão. Então essa água vai para os rios, que ficam poluídos e morrem.

Nas cidades, não se planta nem se criam animais para alimentação, e tudo que se come vem da zona rural, vendido em estabelecimentos comerciais.

Mesmo nesse ambiente tão modificado, muitas espécies silvestres se adaptaram. As plantas crescem nos vãos dos muros, nos terrenos baldios, nas frestas do asfalto, onde quer que haja luz e solo. Nele vivem animais que caçam e outros que roubam os alimentos estocados pelas pessoas. Há animais que são alimentados, como cães, gatos e passarinhos. Até mesmo animais silvestres são visitantes das cidades, como os urubus e os falcões. Mas as cidades favorecem muito mais os ratos, que não têm outra opção de vida a não ser percorrer os canos de esgoto, os terrenos baldios, as ruas escuras.

Cidades se desenvolvem independentemente do clima e do tipo de solo. Nelas o clima é diferente: os edifícios diminuem a circulação do ar, o asfalto impermeabiliza o solo, a água das chuvas escoa rapidamente, diminuindo a evaporação e a umidade do ar. Embora se recomende que a cidade tenha 12 metros quadrados de área verde e solo livre por habitante, a maioria das cidades está longe dessa marca.

O falcão peregrino viaja grandes distâncias e é encontrado em locais de altitudes elevadas e também em cidades.

Em cidades pequenas, como Lindoia, no estado de São Paulo, a população ainda não ocupou o ambiente natural ao redor.

Os veículos soltam fumaça e fuligem, tornando o ar carregado de gases tóxicos e partículas de chumbo, o que contribui para aumentar o efeito estufa.

A imensa quantidade de lixo produzido e acumulado ao ar livre ou enterrado colabora para a poluição do solo.

Os rios recebem grande quantidade de esgoto e de lixo. Na água poluída, vivem apenas bactérias.

Nos campos cultivados, a vegetação nativa já não mais existe. Ela foi derrubada, o solo revolvido e preparado para o plantio.

A cada plantação, novamente a terra é adubada. A plantação é periodicamente pulverizada com inseticida, o que polui a vegetação nativa ao redor e favorece a morte de animais silvestres e dos rios.

Plantação de soja em Campo Verde, Mato Grosso.

Outro ambiente construído são os grandes aglomerados industriais, com muitas fábricas que se instalam em uma região. Nesse caso, a manutenção da qualidade do ar e da água depende do cumprimento das leis ambientais, por meio da contínua fiscalização.

Polo industrial de Cubatão, no estado de São Paulo, um aglomerado de fábricas que processam o petróleo bruto.

11. Dominamos o planeta?

A ESPÉCIE HUMANA vive por todo o planeta. O fato de os seres humanos terem dominado a natureza por meio de técnicas e tecnologia já foi motivo de orgulho, mas hoje constitui uma grande preocupação. Muitas vezes, as consequências da interferência humana na natureza são desastrosas. Veja este exemplo.

A castanheira (*Bertholletia excelsa*), também conhecida como castanha-do--Brasil, é a mais famosa espécie de árvore nativa da Amazônia.

Fruto da castanheira com as sementes – as castanhas.

Árvore de grande porte, a castanheira chega a atingir até 60 metros de altura e seu diâmetro pode chegar a medir 2 metros. A castanheira é encontrada em matas de terra firme, muitas vezes formando agrupamentos, mais ou menos extensos, conhecidos como *castanhais*, onde estão associadas a outras espécies de árvores de grande porte. Os frutos contêm até 25 castanhas e são alimento para muitos animais e também para as pessoas.

Castanheira da Floresta Amazônica.

As castanheiras foram derrubadas em grande quantidade porque tem madeira resistente e bonita. Então, foi proibido derrubar essa árvore.

No entanto, foi autorizada a derrubada de uma grande área de floresta na Amazônia, com a condição de que não se tocasse nas castanheiras.

Após a derrubada da floresta, as castanheiras preservadas floresceram, mas não deram frutos. O tempo passou, e as castanheiras continuaram produzindo flores, mas não frutos. Sem frutos, não havia sementes. Depois de alguns anos, as castanheiras da região morreram. Mas, sem sementes, nenhuma castanheira havia nascido na região. E isso tudo ocorreu por causa do desmatamento, que espantou os insetos que polinizavam as flores das castanheiras. Sem polinização, os frutos não se formaram. E as árvores acabaram morrendo porque a terra nua esquentou demais e matou as raízes.

As araras, os macacos e muitos outros animais da região, além das próprias pessoas, ficaram sem castanhas.

Vale a pena dominar o planeta desse modo?

As araras ficaram sem as castanhas e voaram para outro lugar.

12. O que podemos fazer?

O CONHECIMENTO QUE HOJE TEMOS da transformação das espécies ao longo do tempo e das delicadas relações entre os seres vivos, mostra que é preciso planejar cuidadosamente a ocupação de ambientes naturais. Ela deve ser orientada por um estudo dos impactos ambientais, porque é mais barato e mais inteligente prevenir do que remediar.

Em muitos países, incluindo o Brasil, qualquer iniciativa de ocupação de um ambiente natural requer obrigatoriamente o relatório de impactos ambientais que essa iniciativa pode desencadear, e o que será feito para impedir que isso aconteça. Esse estudo é publicado nos jornais e distribuído a grupos que defendem a qualidade de vida. Eles analisam as propostas apresentadas e concordam com elas ou não.

No Brasil as matas, praias, lagos, montanhas e ilhas não são mais ocupadas e transformadas ao gosto dos empreendedores. Há leis para orientar a ocupação. Mesmo assim, nem sempre as normas especificadas nos relatórios são obedecidas. Quando isso acontece, as obras são embargadas.

A cada dia, aumenta o número de pessoas dispostas a batalhar contra a instalação de indústrias poluidoras, o desmatamento, a ocupação desordenada do litoral, a construção de usinas nucleares, a invasão de terras indígenas e tantas outras ações que prejudicam o ambiente.

Já conseguimos criticar e exigir o conserto do que foi estragado, mas o melhor mesmo é interferir antes que o prejuízo se estabeleça. Esse passo só é dado quando aumenta a consciência ecológica da população e ela participa do controle das atividades que colocam em risco a vida no planeta.

Atualmente é preciso apresentar relatórios sobre impactos ambientais, antes de instalar uma mineradora como esta, em meio às áreas remanescentes de Mata Atlântica do estado de São Paulo. Se a mineração for aprovada, a mineradora é obrigada a deixar a área como estava anteriormente, replantando a vegetação.

Um ponto decisivo é a união das pessoas, pois é mais produtivo agir em grupo do que sozinho. No Brasil, já existem inúmeras entidades, associações e organizações não governamentais (ONGs) que atuam na defesa do meio ambiente. As ações dessas organizações muito têm contribuído para diminuir a agressão à natureza e tornar as cidades mais humanas.

E, mais do que tudo, é cada vez maior o número de pessoas que procura a natureza selvagem para apreciar sua beleza e não quer que ela seja destruída.

A vida na Terra precisa ser conhecida para ser protegida.

Turistas observando a Cachoeira Véu da Noiva. Mata Atlântica, Parque Nacional de Itatiaia, Rio de Janeiro.

AÇÕES AMBIENTALISTAS

Inúmeros grupos ambientalistas promovem reuniões, encontros e debates, para desenvolver projetos de conservação do meio ambiente, interferindo e colaborando na elaboração de leis de proteção. Também realizam passeatas a fim de alertar os cidadãos para os problemas que estão ocorrendo e que passam despercebidos.

Devemos nos lembrar também das pequenas ações individuais, pois a soma do todo dá bons resultados. Respeitar a natureza, por exemplo, é simples e fácil. Basta olhar cada ser vivo como uma obra da natureza, cada espaço que contém verde como um lugar sagrado que nos recebe.

A conservação de parques, jardins, praias e outros lugares públicos depende em parte da ação de cada um. É tão simples não destruir as plantas nem jogar o lixo nas ruas.

Às vezes, uma única pessoa, irresponsável, põe fogo numa imensa área de mata com um toco de cigarro aceso ou uma tocha de balão que cai no capim seco. Uma vez começado, o fogo alastra-se rapidamente, queimando quilômetros de floresta.

Com ações e medidas, muitas vezes, as pessoas conseguem transformar o mundo, trazendo novas descobertas. Há poucos anos, por exemplo, os gorilas das montanhas da África eram considerados animais perigosos e agressivos. Hoje, graças às observações dos biólogos, sabe-se que eles são animais mansos e dóceis. Só reagem quando ameaçados, assim como os humanos.

Um gorila beija seu filhote com carinho.

Outra atitude importante é não criar animais silvestres, como macacos, esquilos, papagaios, jabutis e araras. A captura e a venda desses animais estão contribuindo para a extinção de espécies e devem ser denunciadas.

É crime ambiental capturar passarinhos e criá-los em cativeiro.

A legislação brasileira considera crime qualquer ação contra plantas e animais silvestres.

Outro passo importante é conhecer a natureza, seja buscando informações em livros, seja na televisão ou no cinema. E o contato com a natureza é indispensável.

Mas lembre-se: é impossível amar a natureza sem amar e respeitar os animais com os quais convivemos nas ruas e em nossa casa: os cães e os gatos.

Cão e gato juntos, mostrando amizade e harmonia.

13. Os mandamentos de uma nova sociedade

1. RESPEITO À NATUREZA

Somos parte integrante das espécies de seres vivos da Terra. Temos o dever de respeitar todas as espécies que dão continuidade à vida.

2. CONSERVAÇÃO DA DIVERSIDADE DA VIDA

A produção econômica deve garantir proteção à natureza, pois nossa vida e a dos demais seres vivos dependem dela.

3. UMA ALIANÇA GLOBAL

Todos os povos devem cuidar da Terra. Esse cuidado deve ser promovido em escala local e global, individual e coletiva.

4. MUDANÇAS DE ATITUDES

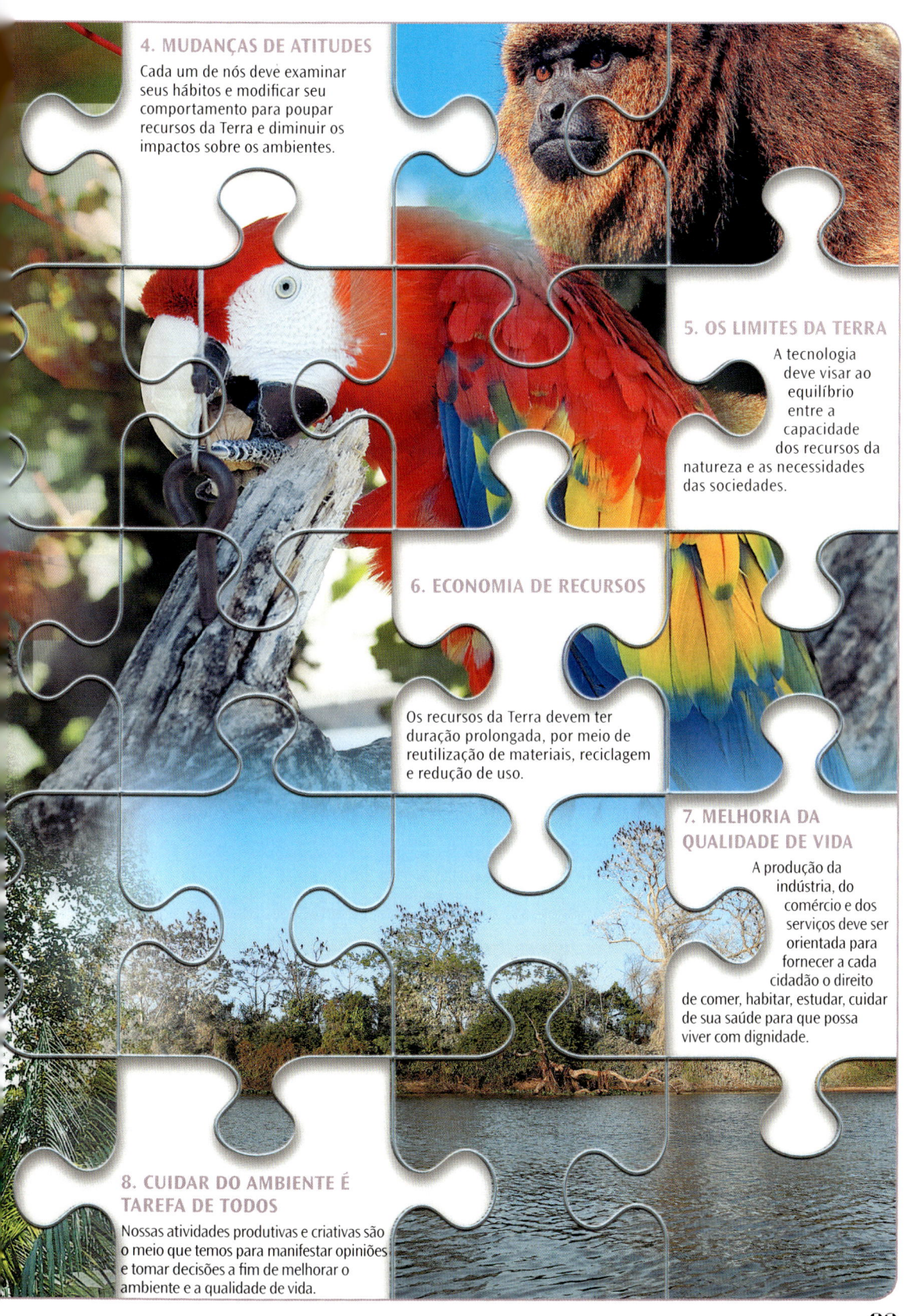

Cada um de nós deve examinar seus hábitos e modificar seu comportamento para poupar recursos da Terra e diminuir os impactos sobre os ambientes.

5. OS LIMITES DA TERRA

A tecnologia deve visar ao equilíbrio entre a capacidade dos recursos da natureza e as necessidades das sociedades.

6. ECONOMIA DE RECURSOS

Os recursos da Terra devem ter duração prolongada, por meio de reutilização de materiais, reciclagem e redução de uso.

7. MELHORIA DA QUALIDADE DE VIDA

A produção da indústria, do comércio e dos serviços deve ser orientada para fornecer a cada cidadão o direito de comer, habitar, estudar, cuidar de sua saúde para que possa viver com dignidade.

8. CUIDAR DO AMBIENTE É TAREFA DE TODOS

Nossas atividades produtivas e criativas são o meio que temos para manifestar opiniões e tomar decisões a fim de melhorar o ambiente e a qualidade de vida.

14. Constituição da República Federativa do Brasil

CAPÍTULO VI – DO MEIO AMBIENTE

Art. 225. Todos têm direito ao meio ambiente ecologicamente equilibrado, bem de uso comum do povo e essencial à sadia qualidade de vida, impondo-se ao Poder Público e à coletividade o dever de defendê-lo e preservá-lo para as presentes e futuras gerações.

§ 1º Para assegurar a efetividade desse direito, incumbe ao Poder Público:

I – preservar e restaurar os processos ecológicos essenciais e prover o manejo ecológico das espécies e dos ecossistemas;

II – preservar a diversidade e a integridade do patrimônio genético do país e fiscalizar as entidades dedicadas à pesquisa e manipulação de material genético;

III – definir, em todas as unidades da Federação, espaços territoriais e seus componentes a serem especialmente protegidos, sendo a alteração e a supressão permitidas somente através de lei, vedada qualquer utilização que comprometa a integridade dos atributos que justifiquem sua proteção;

IV – exigir, na forma da lei, para instalação de obra ou atividade potencialmente causadora de significativa degradação do meio ambiente, estudo prévio de impacto ambiental, a que se dará publicidade;

V – controlar a produção, a comercialização e o emprego de técnicas, métodos e substâncias que comportem risco para a vida, a qualidade de vida e o meio ambiente;

VI – promover a educação ambiental em todos os níveis de ensino e a conscientização pública para a preservação do meio ambiente;

VII – proteger a fauna e a flora, vedadas, na forma da lei, as práticas que coloquem em risco sua função ecológica, provoquem a extinção de espécies ou submetam os animais à crueldade.

§ 2º Aquele que explorar recursos minerais fica obrigado a recuperar o meio ambiente degradado, de acordo com solução técnica exigida pelo órgão público competente, na forma da lei.

§ 3º As condutas e atividades consideradas lesivas ao meio ambiente sujeitarão os infratores, pessoas físicas ou jurídicas, a sanções penais e administrativas, independentemente da obrigação de reparar os danos causados.

§ 4º A Floresta Amazônica brasileira, a Mata Atlântica, a Serra do Mar, o Pantanal mato-grossense e a Zona Costeira são patrimônio nacional e sua utilização far-se-á, na forma da lei, dentro de condições que assegurem a preservação do meio ambiente, inclusive quanto ao uso dos recursos naturais.

§ 5º São indisponíveis as terras devolutas ou arrecadadas pelos estados por ações discriminatórias, necessárias à proteção dos ecossistemas naturais.

§ 6º As usinas que operem com reator nuclear deverão ter sua localização definida em lei federal, sem o que não poderão ser instaladas.

Constituição promulgada em 5 de outubro de 1988.

Disponível em: http://www.senado.gov.br/legislacao/const/
con1988/CON1988_05.10.1988/art_225_.shtm
(acesso em: 7 jun. 2013)

Conclusão

Os primeiros seres vivos do planeta Terra surgiram há tanto tempo que nem conseguimos imaginar. Eles originaram muitos outros que deixaram seus vestígios preservados nas rochas. Analisando esses fósseis, os cientistas concluíram que foi na água dos oceanos que a vida começou e foi se transformando. Só muito tempo depois, os seres vivos conquistaram a terra firme, onde as espécies continuaram se transformando, dando origem à grande variedade de seres cujos descendentes chegaram até os dias atuais. Entre esses descendentes estamos nós, os seres humanos.

No Sistema Solar, só a Terra tem condições favoráveis ao desenvolvimento e estabelecimento da vida na forma como conhecemos. Essas condições determinaram os ambientes que hoje existem, cada um com seu clima e tipo de solo, sua fauna e sua flora.

No entanto, as condições ambientais da Terra estão se modificando com velocidade crescente, e nós, seres humanos, somos os responsáveis por essas transformações. Nossas ações e interferências abalam o planeta, e estamos percebendo a necessidade de seguir novos rumos.

Esses novos caminhos exigem mudanças de atitudes e de valores, bem como elaboração de leis e decisões corajosas para garantir e preservar a diversidade de vida na Terra.

Bibliografia e Sugestões de leitura para o aluno

Bibliografia

ASHCROFT, F. *A vida no limite:* a ciência da sobrevivência. Rio de Janeiro: Jorge Zahar, 2001.

BECKER, B. *Amazônia.* São Paulo: Ática, 1997.

BERRY, S. *Como usar água e energia sem desperdício.* São Paulo: Publifolha, 2002.

BERTONI, J.; LOMBARDI NETO, F. *Conservação do solo.* São Paulo: Ícone, 2008.

BRANCO, S. M. *Energia e meio ambiente.* São Paulo: Moderna, 2004.

CAMPANHA, V. A. *Conhecendo a Terra.* São Paulo: Harbra, 2002.

CANTO, E. L. *Plásticos:* bem supérfluo ou mal necessário? São Paulo: Moderna, 1999.

DREW, D. *Processos interativos homem-meio ambiente.* Rio de Janeiro: Bertrand Brasil, 1998.

FELFILI, J. M. *Biogeografia do bioma do Cerrado.* São Paulo: Finatec, 2007.

FURLAN, S. A.; NUCCI, J. C. *A conservação das florestas tropicais.* São Paulo: Atual, 1999.

GOLDEMBERG, José. *Energia nuclear*: vale a pena? São Paulo: Scipione, 2000.

_____; LUCON, O. *Energia, meio ambiente e desenvolvimento.* São Paulo: Edusp, 1998.

GRAZIANO NETO, F. *Questão agrária e ecologia:* crítica da agricultura moderna. São Paulo: Brasiliense, 1986.

LAMBERT, M. *Agricultura e meio ambiente.* São Paulo: Scipione, 1987.

LEITE, M. *Brasil* – paisagens naturais. São Paulo: Ática, 2007.

LOPEZ, R. *Energia solar.* São Paulo: ArtLiber, 2002.

MAREK, W. *Energia alternativa.* São Paulo: Publifolha, 2003.

MENEZES, S. *Terra, fogo, água e ar* – a escola de Mileto. São Paulo: Cortez, 2008.

MONTANARI, V. *Energia nossa de cada dia.* São Paulo: Moderna, 2003.

MORAES, P. R.; CAMPANHA, V. *O planeta.* São Paulo: Harbra, 1996.

_____; ENS, H. *História da Terra.* São Paulo: Harbra, 1997.

PRIMAVESI, A. *Manejo ecológico do solo*. São Paulo: Nobel, 2002.

REBOUÇAS, A. et al. *Águas doces no Brasil*. São Paulo: Escrituras, 1999.

REIGOTA, M. *Meio ambiente e representação social*. São Paulo: Cortez, 2001.

RODRIGUES, S. A. *Destruição e equilíbrio*. São Paulo: Atual, 2005.

SAUGIER, B. *Vegetação e atmosfera*. Lisboa: Instituto Piaget, 2000.

SCARLATO, F. C. *Energia para o século XXI*. São Paulo: Ática, 1998.

_____; PONTIN, J. A. *O ambiente urbano*. São Paulo: Atual, 1999.

TUNDISI, H. *Usos de energia*: sistemas, fontes e alternativas. São Paulo: Atual, 2007.

WOOLFITT, G. *O ar*. São Paulo: Scipione, 1997.

Sugestões de leitura para o aluno

ALBERTS, C. C. *Perigo de vida* – predadores e presas, um equilíbrio ameaçado. São Paulo: Atual, 1998.

ANTONELLI FILHO, R. *A vida no pantanal*. São Paulo: FTD, 1996.

ASTURIANO, P. *Três histórias do povo das terras do Brasil*. São Paulo: FTD, 1999.

BENNETT, P. *Terra*: uma incrível máquina de reciclagem. São Paulo: Moderna, 2003.

BRANCO, S. M. *Água*: Origem, uso e preservação. São Paulo: Moderna, 1993.

CARRARO, F. *Amazônia*: quem ama respeita. São Paulo: FTD, 2006.

_____. *Cuidando da vida do planeta*. São Paulo: FTD, 2010.

COELHO JUNIOR, C. et al. *Manguezais*. São Paulo: Ática, 2003.

CORONATE, I. A. F.; CARVALHO, F. *Sentinelas do pantanal*. São Paulo: FTD: 2009.

DELPHIM, G. et al. *Pelos caminhos da água*. São Paulo: Moderna, 2005.

FUTEMA, E. *O ecossistema marinho*. São Paulo: Ática, 2000.

GRANATO, S. F.; MATTOS, N. S. *Regiões litorâneas*. São Paulo: Atual, 2009.

LEITE, M. *Brasil:* paisagens naturais. São Paulo: Ática, 2004.

_____. *Meio ambiente e sociedade*. São Paulo: Ática, 2005.

_____. *Fogo verde*. São Paulo: Ática, 2005.

PEARCE, F. *O aquecimento global*: causas e efeitos de um mundo mais quente. São Paulo: Publifolha, 2003.

SALEM, S.; CHIANCA, L. *Água*. São Paulo: Ática, 2008.

SANTOS, M. T. *Caminhos da água*. São Paulo: FTD, 1994.

SILVA, E. R.; SILVA, R. H. *Álcool e gasolina*: combustíveis do Brasil. São Paulo: Scipione, 2004.

TALARICO, T. E. *De olho no ambiente*. Rio de Janeiro: Embrapa Solos, 2009.